KB013465

생물 다양성을 보전할 수 있을까?

PEUT-ON PRÈSERVER LA BIODIVERSITÈ?

by Bruno Fady & Frédéric Médail

Korean translation edition is published by arrangement with

Humensis through The Agency.

민음 바칼로레아 052

생물 다양성을 보전할 수 있을까?

브뤼노 파디 · 프레데릭 메다이 | 민미숙 감수 | 김성희 옮김

민음in

일러두기

1 본문 가장자리에 있는 사과 🍎는 이 책을 통해 반드시 이해해야 하는 핵심 개념을 표시한 것입니다.

2 본문 아래쪽의 주는 독자들이 본문 내용을 쉽게 이해할 수 있도록 한국어판에 특별히 붙인 것입니다.

3 인명 및 지명 표기는 한글 맞춤법 통일안 및 외래어 표기 규정을 따랐습니다.

4 본문에 사용한 부호 및 기호의 뜻은 다음과 같습니다.

— 전집, 단행본: 『 』

— 신문, 잡지: 《 》

— 개별 작품, 논문, 기사: 「 」

질문 : 생물 다양성을 보전할 수 있을까?

현재 지구상의 생물 다양성은 인류의 생존까지 위협할 만큼 매우 빠른 속도로 감소하고 있다. 그런데 이러한 생물 다양성의 급격한 감소는 아이러니하게도 인간에 의해 빚어져 왔다. 인간이 생물 다양성에 최초로 영향을 미친 것은 농업이 시작된 1만 년 이전까지 거슬러 올라간다. 그리고 눈에 띄게 영향을 미치기 시작한 것은 산업혁명 이후 19세기 중반부터이다.

생물 다양성을 가장 위협하는 요소로는 토지 개간에 따른 환경 훼손과 무분별한 천연 자원 개발, 그리고 공해를 들 수 있으며, 최근에는 기후 변화도 중요한 문제로 대두되었다. 결국 이러한 위험 요소는 모두 인간 활동의 직접적이거나 간접적인 결과로 생겨난 것이다.

이에 많은 사람들이 점차 생태계의 파괴에 경각심을 가지게 되었고, 이윽고 1992년 브라질 리우데자네이루에서 열린 국제연합 회의, 일명 리우 환경 정상 회의에서 생물 다양성에 관한 본격적인 논의를 하기에 이르렀다. 그 회의에서 채택한 생물 다양성 협약은 2005년까지 188개국이 서명한 상태다. 세계 대부분의 국가가 협약에 서명함으로써 생물 다양성을 지속적이고도 공정하게 관리하고 보전하는 것이 현재와 미래 세대를 위한 인류의 의무라는 사실을 인정한 것이다.

하지만 각 나라별로 자국의 생물 다양성을 보호하기 위해 기술과 재정 면에서 적절하고 알맞은 정책을 시행할 수 있는 방안을 찾아야 하는 숙제를 안고 있다. 또한 정책을 실행에 옮기는 것뿐만 아니라 장기적으로 사람들의 습관까지 친환경적으로 변화시켜야 실질적으로 효과를 볼 수 있다는 점에서 현재의 위기를 해결한다는 것은 결코 만만한 일이 아니다.

그럼 이러한 상황에서 생물 다양성을 보전하려면 어떻게 해야 할까? 그리고 생물 다양성은 정말 보전해야만 하는 것일까? 이 궁금증을 풀기 위해 먼저 생물 다양성이 정확하게 무엇인지부터 알아보자.

1

생물 다양성이란 무엇인가?

생물 다양성이란 무엇인가?

'생물 다양성(biodiversity)'은 1980년대 말에 생긴 신조어로, 생물학적 다양성(biological diversity)이라는 말을 줄인 것이다. **생물 다양성**은 미생물을 포함한 동물과 식물 등 모든 생명체의 다양성, 그리고 생명체가 지구상에 자리 잡고 있는 모든 환경, 즉 **생태계**의 다양성으로 정의된다. 또한 어떤 생태계 내에 존재하는 동식물의 종 다양성, 동일한 종의 여러 개체군 에 존재하

개체군 일정한 시간, 동일한 공간에 살고 있는 생물 집단 또는 그 일부. 동종 개체군과 이종 개체군으로 나뉘며, 단지 개체군이라 할 때는 일반적으로 동종 개체군을 가리킨다. 연구의 목적이나 성질에 따라서 임의로 고른 일부, 또는 특정한 발육 단계에 있는 것만을 골라 개체군이라고 할 때도 있다.

는 유전적 다양성, 지구의 생물 지리학적 지역, 곧 **생태권역**에 존재하는 생태계 다양성 등으로 구분할 수도 있다.

비록 생물 다양성이란 용어는 최근에 생겼지만 생물학자들은 아주 오래전부터 여기에 관심을 기울여 왔다. 고대 자연 과학 문헌을 보아도 자연의 다양성은 과학자들의 큰 관심사였다는 것을 알 수 있다. 18세기 린네●에 의해 확립되어 지금까지 사용하고 있는 생물 분류 체계(종, 속, 과, 목 …… 등)는 매우 다양한 생물들을 논리적으로 분류하여 자리를 정해 주고자 하는 오래된 바람에 부응한 것이었다. 19세기 중반, 다윈●의 진화론과 자연선택 이론의 출발점이 된 것도 그러한 생물학적 다양성이다. 또한 19세기에 시작되었던 생태학과 유전학 같은 학문의 중심에도 생물 다양성 연구가 있었다.

● ● ●

린네(1707~1778) 스웨덴의 식물학자. 현대 생물 분류학의 창시자로서 속명과 종명을 나란히 쓰는 이명법을 고안했다. 이명법은 오늘날까지도 생물학의 기본적인 분류 체계로 사용되고 있다. 대표적인 저서로는 『자연의 체계』, 『비판적 식물학』, 『식물학 철학』 등이 있다.

다윈(1809~1882) 영국의 생물학자. 젊었을 때 해군 측량선 비글호에 승선하여 남아메리카, 남태평양 섬들, 오스트레일리아 등지를 돌아다녔다. 이때 경험한 것과 관찰한 것을 토대로 1859년 『종의 기원』을 펴내 처음으로 진화론을 주장했다. 다윈의 진화론은 근대 사상과 과학의 형성에 큰 영향을 끼쳤다.

그렇다면 생물 다양성이라는 말이 새롭게 등장함으로써 어떤 변화가 생겼을까? 확실한 것은 생물학을 독창적인 차원에서 생각하도록 해 주었다는 사실이다. 생물 다양성을 측정하는 일은 유전자나 개체군, 종 등을 부분에서 전체에 이르기까지 여러 다양한 차원에서 서로 비교하는 작업으로 이어진다. 그러한 비교 작업은 종이나 개체군, 또는 생태계 사이에서 발견되는 유사성이나 상이성의 원인에 관해 의문을 갖게 할 뿐만 아니라 적절한 측정 도구를 동원해서 연구하도록 만드는 계기가 된다.

나중에 자세히 살펴보겠지만, 그와 같은 유사성이나 상이성은 지각 변동과 기후 등 지구의 지질학적 역사에서 기인한 것일 수도 있고, 시간의 흐름에 따라 새로운 생물이 출현하거나 하는 생물의 진화로 인해 만들어진 것일 수도 있다. 다시 말해 토양의 성질과 개체 이동의 물리적 장벽 같은 **비생물적** 요인 때문일 수도 있고, 자원을 둘러싼 개체와 생물 종 사이의 경쟁이나 포식 같은 **생물적** 요인 때문일 수도 있다. 그리고 여기서 과거와 현재 이루어지고 있는 인간 활동이 끼친 영향도 빼놓을 수 없다.

따라서 유전자와 종, 개체군 같은 생태적 구성 요소와 시간 및 여러 환경적인 요인들(생물적이거나 비생물적인, 또는 자연적이거나 비자연적인 요인들)이 하는 작용과 역할을 다양한 영역에 걸쳐 종합적으로 접근하기 위한 첫걸음이 된다.

앞에서 리우 환경 정상 회의에 대한 언급에서 보았듯이 생물 다양성을 이야기하는 것은, 지구와 인류를 위해, 그리고 인류의 미래를 위해 생물 다양성은 무척 중요하기에 보호하고 관리해야 한다는 의미를 담고 있다. 요컨대 생물 다양성 개념은 생물학의 틀을 뛰어넘는다. 곧 생물 다양성을 보호하는 일은 생물학의 문제일 뿐 아니라 사회적, 윤리적, 경제적 문제이기도 하다.

요즘 거의 사라져 버린 대형 맹금류를 보호하는 일을 예로 들어 보자. 대형 맹금류의 희귀성으로 인해 자산적 가치를 가진다는 것이 보호의 명분이 될 수 있지만, 그 동물이 초식동물의 개체 수 조절이나 유기 물질의 순환에 중요한 역할을 한다는 의미에서 생태적 중요성이 보호의 이유가 될 수도 있다. 아울러 인간에 의해 거의 멸종되어 버린 동물을 보호해야 한다는 윤리적인 이유 때문에 보호하기도 한다.

또 다른 예로 유럽에서 널리 실시되고 있는 산림 보호를 들 수 있다. 이 경우에는 그 나무들이 희귀종이어서가 아니라 매우 흔하다는 것이 보호의 정당한 이유가 된다. 생태계에 반드시 필요한 종, 즉 핵심종의 위치를 차지하고 있기 때문이다. 희귀종, 흔한 종, 자산적 가치가 있는 생물, 자산적 가치가 없는 생물 할 것 없이 수많은 다른 생물 종들이 그 나무들에 의존해서 살아가고 있는 것이다.

인간은 생물 다양성의 파괴자이긴 하지만, 육종으로 수많은 새로운 생명 형태를 만들어 내기도 한다. 주로 가축과 애완동물, 채소, 과일 같은 것이 여기에 해당한다. 또한 오랫동안 우리의 식탁에 올라온 여러 다양한 채소, 과일, 곡식 등도 보호해야 할 필요가 있다. 농업과 관련한 경제적 문제뿐만 아니라 전통문화 보전이라는 문화적인 차원, 그리고 전통식이 몸에 좋다는 건강상의 이유 때문이다.

생물 다양성은 어떻게 측정할까?

생물 다양성을 보전하려면 무엇을 어떻게 보호할지 파악하고 기술할 수 있어야 하는데, 이를 위해서는 생물 다양성을 측정해야 한다. 앞에서 이야기했듯이 생물 다양성은 유전자로부터 개체군, 군집 및 생태계에 이르기까지 생물학적 구성의 여러 단계에서 측정할 수 있다. 즉 생태계의 다양성, 종의 다양성, 개체군의 유전적 다양성이 모두 생물 다양성이다.

그러므로 생물 다양성을 측정하기 위해 가장 먼저 해야 할 일은 그 대상이 되는 생태계와 종, 유전자를 정의하는 것이다. 그러나 이것은 쉬운 일이 아니다.

이를테면 종의 정의에 관해서조차 생물학자들의 의견이 매우 분분해서 지금도 일곱 가지가 그 정의로 통용되고 있다. 그중 가장 널리 받아들여지는 것은 '생물학적인 종의 정의'이다. 이것은 교배 가능성을 기준으로, 같은 종의 개체와는 유전자를 교환할 수 있지만 다른 종의 개체와는 유전자를 교환할 수 없다고 종을 정의한다.

하지만 다른 종 사이의 교배로 생긴 잡종 동식물이 매우 많아졌고, 번식 장벽[•]을 시험하기가 어려운 생물뿐만 아니라 박테리아처럼 무성 생식을 하는 생물도 있다는 사실은 생물학적인 종의 정의를 사용하는 데 곤란하게 만든다. 그럴 경우에는 형태나 유전자의 유사성을 근거로 종을 정의하는 것도 생각해 볼 수 있다.

정의와 관련한 까다로운 단계를 일단 넘어서면, 생물 다양

●●●

번식 장벽 두 종이 교배해서 생식력 있는 잡종을 만들어 내지 못하게 하는 요소. 또는 한 종에 속하는 두 개체의 교배가 이루어지지 않게 만드는 생물학적 특징.

성은 크게 두 가지 기준으로 측정할 수 있다. 풍부도와 이질성이 그것이다.

풍부도란 생태계를 구성하는 요소들이 많고 적으냐를 나타내는 것이다. 어떤 생태계가 다른 생태계보다 더 많은 생물 종을 포함할 경우, 그 생태계는 풍부도가 높다고 할 수 있다. 그리고 어떤 개체군에 포함된 개체 수가 적거나 그 개체군을 이루는 개체들이 지닌 유전자들의 변이성이 낮을 경우, 그 개체군은 풍부도가 낮다고 할 수 있다. 가령 어떤 작물을 한 품종만 심어서 재배하는 밭은 자연 생태계보다 생물 다양성이 낮은 상태가 되는 것이다.

이질성 측정은 구성 요소의 빈도를 계산하는 작업이다. 한 생태계에서 어떤 종은 드물고 또 어떤 종은 흔한 식으로 각 생물 종이 차지하는 비율이 다양할 경우, 그 생태계는 같은 풍부도를 가진 다른 생태계에 비해 이질성이 높다고 할 수 있다. 마찬가지로 어떤 생물 종이 같은 풍부도를 지닌 다른 생물 종에 비해 변화가 더 많은 유전적 다양성을 지닌 개체군들로 이루어졌을 경우, 곧 한 종에서 어떤 개체군은 유전적 다양성이 크고, 다른 개체군은 유전적 다양성이 거의 없을 경우, 그 생물 종이 다른 생물 종에 비해 더 이질적인 것이다. 이질성은 생물 종 내에서 풍부도가 구성되고 조직되는 방식을 보여 주는 것이라고 말할 수 있다.

풍부도와 이질성은 생태계나 생물 종, 개체군이 받고 있는 위협이나 그 취약성을 보여 주는 좋은 지표이다. 이를테면 어떤 생물 종이 한정된 특정 지역에만 위치하는 **고유종**이고 개체 수가 매우 적을 경우, 그 종은 희귀종인 동시에 멸종 위기에 있는 종이라고 할 수 있다.

예를 들어 알제리의 타실리나제르 고원에서만 볼 수 있는 사하라 사이프러스는 약 100제곱킬로미터의 면적에 233개체만 고립되어 서식한다. 그런데 흔한 생물 종이라 하더라도 그 종을 이루고 있는 개체군들의 수가 적고 유전적 변이성도 낮으며 지리적으로 멀리 떨어져 있는 분포를 보이는 경우 더 위험에 처할 수 있다. 예를 들어 몬터레이 소나무는 남반구의 많은 나라에서 수십만 헥타르에 걸쳐 서식하지만, 원산지인 캘리포니아에서는 절멸할 위기에 놓여 있다. 캘리포니아에는 8,000헥타르가 되지 않는 면적에 세 개의 소개체군밖에 없기 때문이다.

생물 다양성을 측정하는 것은 간단한 일이 아니다. 어떤 개체군의 모든 유전자, 어떤 생물 종의 모든 개체, 종이 존재하는 모든 생태계를 하나도 빠짐없이 헤아린다는 것은 거의 불가능하기 때문이다. 결국 생물 다양성은 정확한 실제 수치가 아닌 어림치만을 알 수 있을 뿐이다. 따라서 표본에 기초해서 추산

할 때 주의해야 할 점은 전체의 현실을 잘 반영할 수 있도록 표본 선정 방식과 통계 도구를 적절하게 선택해야 한다는 것이다.

게다가 생물학적 각 구성 단계의 다양성이 동일한 방법으로 측정될 수도 없다. 그래서 몇몇 분류군에서 측정한 생물 다양성이 다른 분류군의 생물 다양성을 보여 주는 지표로 쓰이기도 한다.

예를 들어 **고등식물**(꽃식물)과 척추동물 종의 풍부도와 이질성은 생태계 또는 지구 생물권의 생물 다양성을 평가하는 데 빈번하게 사용된다. 그러나 박테리아나 해초, 균류, 땅속 미생물 같은 분류군들은 풍부도와 이질성 측정을 기초로 해서 평가하는 경우가 매우 드물다. 그런 생물들은 생태계의 안정성 유지에 상당히 중요한 역할을 하지만 생물 다양성을 측정하기 무척 어렵기 때문이다.

앞으로 연구 과제로 삼아야 할 것 중 하나는 생물 다양성의 모든 단계를 포괄하는 생물 다양성의 지표를 만드는 것이다. 그래서 실제 값과는 상당히 거리가 있는 것으로 보이는 현재 지구의 생물 다양성에 대한 추산을 정확히 해야 할 필요가 있다. 왜냐하면 이러한 상황이 생물 다양성 감소 속도를 한층 더 빠르게 만들고 있기 때문이다. 지금도 우리는 알게 모르게 생물 다양성의 요소를 파괴하고 있을 것이다.

생물 다양성은 어떻게 조성될까?

어떤 특정한 장소의 생물 다양성은 매우 다양한 종류의 공간에서 오랜 기간에 걸쳐 펼쳐진 여러 가지 현상들을 미묘하게 조합한 산물이라고 할 수 있다. 지질학적인 시간의 흐름 속에서 보면, 지구상에는 대멸종의 위기와 다양화의 과정이 되풀이해서 띄엄띄엄 나타났다.

지구 탄생 이후 대멸종은 다섯 차례나 있었다. 4억 4000만 년 전 오르도비스기 대멸종, 3억 6500만 년 전 데본기 대멸종, 2억 2500만 년 전 페름기 대멸종, 2억 1000만 년 전 트라이아스기 대멸종, 6500만 년 전 백악기 대멸종이 그것이다. 다섯 차례의 대멸종기 때마다 생물 종의 95퍼센트 이상이 사라졌는데, 이와 동시에 새로운 종도 출현했다.

대륙 이동이나 거대 산악 지대의 융기 등 아주 먼 옛날의 지질학적 변동과 기후 변화, 그리고 생물 종의 이주와 고립은 생물의 다양화와 진화의 주된 원인이다. 예를 들어 500만 년 전 지브롤터 해협이 막히면서 지중해가 말라 버리자 많은 종이 멸종한 것과 동시에 지중해 주변 생물들이 다양화되었다. 기후 조건과 지형이 극심하게 바뀌었기 때문이다.

그 후 신생대 4기에 있었던 빙하기 역시 북반구 온대 지방의 생물 종 분포권을 크게 바꾸어 놓았다. 추위와 가뭄이라는 갑작스러운 기후 변화에 직면한 종들은 그 지역에서 사라지거나 다른 곳으로 옮겨가면서 다양화되기도 했다.

그러나 지중해 연안 반도처럼 남쪽에 위치한 일부 지역은 빙하기 영향을 훨씬 약하게 받아 안전지대 역할을 해냈다. 상대적으로 더 안정적인 환경 조건을 갖춘 곳에서 고유종을 포함한 많은 생물 종들이 생겨났고 유전자도 다양화되었다.

가령 지중해 연안에서 스페인과 마그레브[•]의 침엽수 개체군은 중동 쪽보다 유전적 다양성이 훨씬 낮은데, 거의 두 배 정도 차이가 난다. 이렇게 동서로 구분되어 차이가 나는 것은 인간 활동이 많고 적음에서 기인하는 것이 아니라 지중해 연안 서쪽이 빙하기의 영향을 더 많이 받았기 때문이다.

일정 장소에 어떤 생물 종이 존재하느냐 존재하지 않느냐는 지역의 환경 조건과 관련한 그 종의 생태적 요구에 달려 있다. 또 그 종이 가진 생물학적인 특징, 그리고 생태계의 다른 종들과 주고받는 수많은 상호 작용에 달려 있다.

• • •

마그레브 동방에 대하여 서방을 뜻하는 아랍어로, 리비아, 튀니지, 알제리 등을 포함하는 아프리카 북서부 지역을 가리킨다.

그러한 다양한 요인들이 결합되어 나타난다는 것, 그리고 시간 및 공간 속에서 변화가 일어난다는 것을 고려하면, 생물 다양성의 구성을 파악하고 그 역학을 예측하는 일이 얼마나 어려운지 짐작할 수 있을 것이다. 게다가 인간의 영향은 자연 환경과 종의 분포권을 바꿈으로써 생물 지도를 한층 더 혼란스럽게 만들고 있다.

어떤 생물 종들이 모여서 집단을 이루는지 그 규칙을 해독하는 작업 역시 아직 초기 단계에 머물러 있다. 어떤 특정한 지역 혹은 특정한 장소 내의 종의 수와 그 종들이 공존하는 방식을 설명하는 보편적인 법칙은 존재하지 않는다. 분포권 면적이 작을수록, 위도가 낮아질수록 종의 수가 증가한다는 규칙 등 겨우 몇 가지 사실만 확인되었을 뿐이다. 가령 적도 지방에는 다른 곳보다 더 많은 종이 존재하지만 그 종들은 온대 지방의 종들에 비해 평균적으로 좁은 분포권을 가진다.

보편적인 법칙이 존재하지 않는다는 문제 외에도, 현재 거론되는 여러 가지 이론들은 자명할 것 같은 질문들에 명쾌하게 답변을 내리지 못한다는 문제도 있다.

동일한 위도 상에 있는 생물 지리학적 지역 중에서도 왜 어떤 지역은 다른 지역보다 종이 더 풍부하고 고유종의 수도 더 많을까? 왜 어떤 종은 다른 종과 공존을 할까? 그러한 공존의

고유종이 특별히 많고 원래 서식하던 식물의 75퍼센트 이상이
사라져 버린 지역을 생물 다양성 위험 지대로 지정한다.

한계는 무엇일까?

비록 이 질문들이 사소해 보일지 몰라도 생물 다양성이 어떻게 조성되는지 이해하는 것은 생물 다양성의 지속 가능한 보전에 중요한 열쇠인 만큼, 그 답을 찾는 것은 매우 중요한 과제임에 틀림없다.

다행히 최근 세계적인 차원에서 상당한 진전이 있었는데, 그것은 **생물 다양성 위험 지대**를 선정하기 위한 노력 덕분이다. 1980년대 말 영국의 환경학자 노먼 마이어스•가 시작하여 현재 비정부 기구인 국제 보전 협회가 펼쳐 가고 있는 이 운동은 고유종의 특징이 뚜렷이 나타나고 멸종 위기에 처해 있는 생물들이 특히 밀집한 지역을 찾아내는 것을 목표로 한다.

원래 서식하던 식물의 75퍼센트 이상이 절멸하면, 그곳을 생물 다양성 위험 지대로 지정한다. 현재 위험 지대로 지정된 곳은 34곳이며, 그 면적이 전 세계 면적의 약 16퍼센트에 해당한다. 그리고 그곳에 서식하는 동물은 육지 척추동물 고유종

•••

노먼 마이어스(1934~) 영국의 환경학자이자 생물 다양성에 관한 세계적인 권위자로 옥스퍼드대 그린칼리지 교수로 재직하고 있다. 그는 환경 문제를 현대의 중대한 문제로 생각하지만, 환경 때문에 경제 성장을 희생시키기보다는 새로운 형태의 경제 성장을 창출해야 하는 시점이라고 말한다. 대표적인 저서로 『가이아의 기업』, 『환경이냐 보전이냐』 등이 있다.

전체의 42퍼센트, 그리고 식물 고유종의 50퍼센트에 이른다. 생물 다양성 위험 지대로 선정된 곳은 열대림이 22곳, 온대림 6곳, 지중해성 기후 지역 5곳, 온대 지역 1곳이다.

위험 지대를 정해서 보전하려는 이러한 접근 방식은 좀 더 좁은 지역에서도 효과적인 것으로 밝혀졌다. 예를 들어 지중해 연안은 비록 지구 면적의 1.6퍼센트밖에 되지 않는 면적이지만 지구 식물 전체의 10퍼센트가 서식하고 있다. 그리고 유럽에서 둥지를 틀고 사는 조류 419종 가운데 343종이 유럽 전체 면적의 3분의 1도 되지 않는 그 지역에 서식한다.

지중해 연안의 생물 다양성 역시 아무렇게나 조성되어 있는 것은 아니다. 이베리아 반도와 모로코가 서쪽 중심지로, 터키와 그리스, 그리고 고유종의 밀도가 높은 그 부근 섬들이 동쪽 중심지로 조성되어 있다. 또한 지중해 연안의 생물 다양성이 높아지게 된 것은 지질학적 역사, 차이가 큰 환경 조건들, 신생대 4기 빙하기의 영향이 약했던 것을 들 수 있다.

지중해 지역의 생물 다양성 위험 지대 10곳은 주로 산과 섬에 위치한다. 특정 지역에만 서식하는 고유종 식물 약 5,500여 종이 그 10곳에 존재하는데, 그것은 지중해 지역 고유종의 44퍼센트에 해당하는 수치다. 프랑스에서 지중해성 기후에 속하는 지역은 전체 면적의 약 11퍼센트에 불과하지만, 프랑스에 존재하는 고등식물의 거의 4분의 3, 척추동물의 55퍼센트에서 90퍼센트가 그 지역에 몰려 있다.

따라서 생물 다양성 보전에 있어서는 단지 열대 지방만 중요한 것이 아니라 지중해 연안, 캘리포니아, 칠레 중부, 남아프리카, 오스트레일리아 남서부 등 지중해성 기후에 속하는 여러 생태권역 역시 매우 중요하다.

2

생물 다양성은
왜 지켜야 할까?

생물 다양성이 생태계에 도움이 될까?

일찍이 1950년대부터 하나의 군집에 속하는 종의 수가 많고 적음이 그 군집의 안정성 유지와 어떤 관계가 있는지 연구하기 시작했다. 그리고 10여 년 전부터는 좀 더 포괄적으로 생물 다양성과 생태계 기능 사이의 관계를 활발하게 연구하고 있다. 실제로 이 분야의 연구는 경험적, 실험적 접근과 이론적 접근이 서로 영향을 주고받으면서 발전한 덕분에 상당한 진전을 이루었다.

그래서 이제는 생물 다양성이 지구적 차원에서 생물권이나 생태권역에 미치는 이로운 효과와, 지역 차원에서 경관• 이나 군집에 미치는 이로운 효과를 대략 알 수 있게 되었다.

대자연 전체가 제공하는 '생태적 서비스'• 는 먼저 지구적 차원에서 대기의 질과 기후 조절 주기를 유지하는 데 도움을 준다. 최근 한 연구에 따르면, 열대 원시림이 이산화탄소를 흡수하는 '탄소 우물' 역할을 함으로써 인간 활동에서 비롯된 이산화탄소 농도의 급격한 상승을 어느 정도 막아 준다고 한다. 열대림이 대기 중 이산화탄소 농도의 상승에 반응해서 높은 생물량●을 빠르게 축적한다는 것이다.

예를 들어 아마존 유역의 원시림은 연간 5~29억 톤의 이산화탄소를 흡수하는데, 인간 활동에 따른 이산화탄소 배출이 세계적으로 매년 70~80억 톤에 달한다는 것을 고려해 보면 원시림이 이산화탄소를 얼마나 많이 흡수하는지 알 수 있다.

둘째, 인간의 손에 파괴되지 않은 생태계는 수질을 조절하고 물의 순환●을 온전케 하는 역할을 한다. 산림 파괴는 물의

●●●

경관 지형 같은 무생물 요소, 그 지역에 서식하는 동식물, 그리고 인간 활동이나 인위적 구조물 같은 인공적인 요소 등 어떤 지역의 가시적인 특징이 되는 것.

생태적 서비스 물과 공기의 정화, 흙의 생성 등 자연이 인간에게 유익한 환경을 만들어 내는 일.

생물량 어떤 지역에 생활하는 생물의 현존량. 군집 내 밀도를 나타내는 데 쓰며 중량, 에너지량으로 나타낸다. 바이오매스라고도 한다.

물의 순환 지표상의 물은 증발하여 수증기가 되고, 수증기는 응결하여 구름이 되며, 구름은 비나 눈이 되어 다시 지표면으로 되돌아온다. 이와 같이 지구상의 물은 끊임없이 순환하는데, 이를 물의 순환이라고 한다.

순환에 극심한 변화를 초래하고 기후에 뚜렷한 영향을 미친다.

예를 들어 아마존 산림 지역에서 증발하는 수증기량이 줄어들면 그 지역 강수량의 20퍼센트가 줄어들 뿐만 아니라 대기 중 습도가 뚝 떨어지고 지표 온도는 상승하며 건기의 영향이 더 커질 것이다. 또 한편 빗물이 산림에 흡수되지 못하고 지표로 곧장 흘러내리면 홍수와 심각한 토양 침식이 일어난다. 실제로 아마존 강에 휩쓸려 간 침전물 양이 2003년 이전에는 평균 7억 5,000만 톤이던 것이 2003년에는 11억 톤에 달했다.

마지막으로, 원시 생태계는 영양분을 재순환시키고 침식을 억제하여 비옥한 토양을 생성, 유지시켜 준다.

지구적 차원이 아닌 지역 차원에서 생물 다양성이 생태계 작용에 어떤 역할을 하는지는 아직 논란거리로 남아 있다. 다만 조건을 통제한 실험 결과에 기초하여 다음과 같은 두 가지 견해가 제시되었다.

하나는 **다양성 안정성 가설**로 다양한 생물 종을 가진 생태계가 더 안정적이고 더 생산적이라고 보는 것이다. 다양한 종이 있는 생태계에서는 급격한 환경 변화로 인해 어떤 종이 감소하거나 소멸해도 다른 종이 그 기능을 보완할 수 있다. 그러나 다른 종이 그 기능을 대체할 수 없는 핵심종이 있다. 만약 핵심종이 사라지면 연쇄적인 멸종이 일어날 수도 있다.

다른 하나는 생물학적으로 유사한 특징을 지니며 비슷한 생물학적 역할을 하는 종이 많이 존재한다고 주장하는 가설이다. 예를 들어 콩과에 속하는 초본식물들이 공기 중의 질소를 고정해서 이용하는 기능을 하는 것처럼, 많은 종들이 하나의 동일한 기능군을 이룬다. 그러므로 주요 기능군들이 존재하기만 하면 생태계의 기능은 종의 수와는 무관하게 유지될 것이라고 본다.

1990년대 초에 에코트론•의 인공 서식지나 초원의 시험 재배지 같은 '인공 생태계'에서 이루어진 초기의 실험들은 생물 다양성이 생태계 기능에 도움이 된다는 것을 보여 주었다. 그런데 최근 연구들은 생태계의 기능과 생물 다양성 사이의 관계가 지역과 생물 종, 생태 과정에 따라 달라진다는 것을 강조한다.

'지구 초본 생태계의 생물 다양성과 생태학적 변천(BIODEPTH)' 프로젝트는 유럽 8개 지역 초원 480구획을 조사한 결과를 기초로 생물 다양성이 **1차 생산성**과 관련이 있음을 증명했

•••

에코트론 영국 임피리얼 대학에 있는 환경 연구 시설. 미국 미네소타 대학의 샤히드 네임 연구진은 환경을 조절할 수 있는 에코트론 온실에 조성한 인공 생태계와 미네소타 주의 초원에서 생물 종 다양성과 생산성의 관계를 연구했다.

다. 식물이 광합성을 통해 무기 물질을 유기 물질로 합성하는 것을 1차 생산이라고 한다. 생태적 지위•가 서로 보완하는 성격이 있고, 생물 종 사이에 적극적인 상호 작용이 이루어지는 것은 종 다양성의 긍정적 역할을 확인시켜 준다.

종의 풍부도가 감소하면 식물의 양이 현저하게 줄어드는 것을 볼 수 있다. 가령 종의 수가 절반으로 줄어들면 생산성은 제곱미터당 평균 80그램이 감소한다. 그리고 종의 수가 고정되어 있을 경우에는 기능군을 적게 가진 식물 군락이 더 낮은 생산성을 보인다.

요컨대 **생물 지구 화학적 순환**, 즉 영양분과 유기 물질의 순환 같은 주요 생태 과정과 생태계의 생산성은, 종의 수보다는 해당 생물의 생물학적 특징, 특히 자원을 축적하고 사용하는 기능에 따라 결정되는 것으로 보인다. 그러나 생물 종의 수가 일정한 한계점을 넘어설 정도로 감소하면 생태계는 심각한 타격을 받는다.

핵심종의 유전적 다양성이 낮으면 그 역시 생태계의 구성

• • •

생태적 지위 어떤 생물이 생물 공동체 중에서 차지하는 위치 또는 그 상태. 그 생물이 어디서 서식하고, 거기서 무엇을 먹고, 무엇에 먹히는 관계에서 생활하고 있는가로 판단된다.

및 기능에 변화를 가져올 수 있다. 예를 들어 미송 개체군에 진드기 저항 유전자를 지닌 개체가 없을 경우, 진드기를 만나면 나무가 덤불 모양으로 자라고 솔방울도 매우 적게 열린다. 그 결과, 소나무 씨를 먹고 사는 조류가 급격히 줄어든다. 그러면 종자가 멀리 퍼지기 어려워지므로 그 종의 확산은 더욱 어려워진다.

따라서 앞으로 연구해야 할 과제는, 생태계의 원활한 작동을 위해 다른 것으로 대체할 수 없는 생물 종과 기능군이 무엇인가, 그리고 생물 다양성이 특별히 높아야만 유지되는 생태 상황이 무엇인가 등이다.

여러 종류의 생태계들이 작동하는 방식과 생물 종의 유형에 대해 충분한 이해를 하는 데에는 오랜 시간이 걸릴 것이다. 또 생물계 내에서 생물들이 극도로 복잡하게 상호작용한다는 점을 고려하면, 그것은 매우 어려운 연구이기도 하다. 하지만 많은 연구 결과가 공통되게 보여 주는 것은 생태계와 생물권을 건강하게 유지하는 데 생물 다양성이 높을수록 도움이 된다는 사실이다. 이는 서식지와 종, 개체군을 보전하는 활동이 얼마나 중요한지를 말해 준다.

생물 다양성이 인간에게 유익할까?

생물 다양성은 인간의 식량 공급원이 된다. 그러나 수많은 생물 중에서 현재 인간의 식량으로 직접 이용되는 것은 극히 일부에 지나지 않는다. 예를 들어 전 세계에서 소비되는 식량의 75퍼센트를 차지하는 것이 단 12종의 고등식물•이다. 인간이 재배하는 식물이 약 200종이고, 지구 고등식물 30만 종 가운데 식용이 가능한 것이 1만 2,500종에 달하는데도 말이다.

재배종은 대개 유전적 다양성이 낮아서 환경 변화가 야기하는 위험에 매우 취약하다. 따라서 재배종과 유사한 종이나 야생종의 생물 다양성은 일종의 보험 역할을 할 수 있다. 특히 기생충이나 질병에 대한 저항력을 가진 유전자, 혹은 가뭄에 강한 유전자를 가진 야생종은 우리의 농사와 숲 가꾸기에 도움을 줄 수도 있다. 많은 문화권에서 식량 공급원 역할을 하는 동물의 다양성도 농업 생산에 중요하다. 예를 들어 식물의 수분•에

• • •

고등식물 밀이나 옥수수 같은 꽃식물. 뿌리와 줄기, 잎의 세 부분을 갖추고 있고 꽃이 피고 열매가 맺는 식물. 보통 꽃식물을 이르나 양치류같이 구조가 복잡한 것을 이르기도 한다.

수분 종자식물에서 수술의 꽃가루가 암술머리에 옮겨 붙는 일. 바람과 곤충, 새, 또는 사람의 손에 의해 이루어진다.

꼭 필요한 곤충이 있는가 하면, 생물 방제나 혼합 방제 의 형태로 유독성 살충제를 대신할 수 있는 곤충도 있다.

생물 다양성은 산업에서도 중요하다. 나무를 건축자재로 사용하거나 천연 추출물로 향수를 만드는 것에서부터 생물 공학에서 박테리아 바이오 필름 과 DNA 단편을 사용하는 것에 이르기까지 그 용도가 매우 다양하다.

생물 다양성은 의약 재료를 제공해 주기도 한다. 아직까지 상당수의 사람들에게는 식물을 먹거나 바르는 것이 유일한 치료법이다. 그리고 대증 요법 과 유사 요법 에 사용하는 많은 약이 식물에서 추출한 것이거나 식물에서 유효 성분을 뽑아 제조한 것이다.

혼합 방제 방제란 농작물을 병충해로부터 예방하거나 구제하는 것을 말하는데, 생물 방제는 천적을 이용하는 방법이고, 혼합 방제는 생물 방제와 농약을 혼합하는 방법이다.

바이오 필름 박테리아는 거의 모든 고체의 표면에 막을 형성할 수 있는데, 그 막을 바이오 필름이라고 한다.

대증 요법 병의 원인을 찾아 없애기 곤란한 상황에서 겉으로 나타난 병의 증상에 대응하여 처치를 하는 치료법. 열이 높을 때 얼음주머니를 대거나 해열제를 써서 열을 내리게 하는 따위가 이에 해당된다.

유사 요법 질병 증상과 비슷한 증상을 유발시켜 치료하는 방법으로, 자가 면역 능력을 깨우쳐 스스로 치유되도록 하는 것이다.

예를 들어 아스피린의 주성분인 살리실산은 버드나무 껍질에서 추출한 것이다. 동물 역시 동양 의학 같은 전통 의학이나 현대 의학에서 약의 원료로 쓰인다. 이를테면 몇몇 뱀의 독은 심장 질환 치료에 쓰이는 펩티드 화합물의 원료가 된다. 식량으로 쓰이는 생물 종류가 극히 적은 것과 마찬가지로, 의약 원료로 사용되는 것도 다양한 생물 중 매우 적은 부분일 뿐이다.

따라서 아직 알려지지 않은 무수한 생물 종 가운데에 인류의 수많은 질병 문제에 대한 해결책이 있을지도 모른다. 그러한 생물 자원을 독차지하기 위한 경쟁은 이미 시작되었고, 국제 사회는 생물 다양성 협약이 정한 대로 발견의 혜택을 공평하게 나누는 규칙을 마련하고자 애쓰고 있다.

모로코 남서부의 아가디르 부근에 서식하는 고유종인 아르간 나무는 생물 다양성이 다목적으로 사용되는 것을 보여 주는 아주 좋은 예다. 아르간 나무는 먼 옛날부터 주민들의 일상생활에 꼭 필요한 여러 가지 역할을 해 왔다. 사람들은 아르간 나무에서 땔감이나 건축용 목재, 동물 사료, 꿀 등을 얻었다. 아르간 나무의 땔감은 모로코의 땔감 생산량의 13퍼센트를 차지한다. 뿐만 아니라 그 나무의 열매를 짜면 나오는 아르간 오일은 식용과 약용으로 점점 더 많이 사용되고 있어 그 수요가 크게 늘어나는 추세다. 아르간 숲은 전통적인 다용도 농경 생태계를 이루고 있다. 나무 아래에서 채소나 과일, 담배 등을 재배할 뿐만 아니라 양과 소, 염소, 낙타도 방목한다. 아르간 나무의 무성한 잎이 잡아 두는 안개와 이슬 덕분에 그 아래에서 풀이 잘 자라기 때문이다. 그러므로 아르간 나무는 이 생태계에서 핵심종이라 할 수 있다.

수많은 도시인들에게 생물 다양성은 사회적, 오락적 가치가 매우 크다. 도시에서 여러 가지 생물과 다양한 풍경이 있는 자연에 접근할 수 있는 것은 인간의 신체적, 정신적 균형을 위해 꼭 필요한 부분이다. 바로 그러한 필요 때문에 생태 관광•이 생기게 되었다. 생태 관광은 상당한 수입원이 되어 주기도 하지만, 생물 다양성을 파괴하는 새로운 주범이 되는 경우도 간혹 있다.

인간과 생물 다양성의 관계에서 마지막으로 언급할 점은 생물 다양성을 보전해야 하는 데에는 윤리적인 이유도 있다는 점이다. 코끼리나 고래가 인간에게 당장 어떤 이익을 안겨 줄 리는 없지만, 19세기와 20세기에 그 동물들을 무수히 죽인 데 대

•••

생태 관광 동물과 식물을 포함하여 흥미로운 자연 환경, 토착 문화에 초점을 맞춘 관광 여행. 여행이 자연 환경에 주는 부담을 최소화하려는 자세를 생태 관광의 개념에 포함시키기도 한다.

한때 무차별한 사냥을 했던 인간은 멸종 위기에 처한 많은 동물들에 대해 죄책감을 갖고 있다.
이러한 심리는 생물 다양성을 보호해야 한다는 윤리적 책임감으로 작용한다.

해 우리는 어느 정도 죄책감을 가지고 있다. 아마도 그러한 죄책감이 생물에 대해 윤리적 태도를 가지게 되는 첫 번째 이유인 것 같다. 피해를 보상하고픈 마음이 생기는 것이다. 그런데 코끼리 같은 보호종을 보전하는 것은 깊이 생각해 보면 인간에게도 이로운 일이다. 인간이 지구의 모든 생태계를 제어하는 것은 근본적으로 이치에 맞지 않기 때문이다.

로맹 가리•의 소설 『하늘의 뿌리』에서 주인공 모렐이 주장하는 것이 바로 그것이다. 모렐이 코끼리를 보호하기 위해 온 힘을 쏟는 이유는 코끼리가 몸집이 몹시 크다는 데에 있었다. 큰 코끼리를 보호하자면 인간이 접근하지 않는 넓은 공간을 마련해야 하고 그 결과 자연의 균형과 우리 인간의 안정에 꼭 필요한 공간이 확보될 것이기 때문이다.

• • •

로맹 가리(1914~1980) 프랑스의 소설가. 에밀 아자르라는 필명으로도 유명한 그는 공쿠르 상을 두 번이나 받아 화제를 불러일으켰다. 주요 작품으로는 『하늘의 뿌리』, 『자기 앞의 생』과 단편 「새들은 페루에 가서 죽다」가 있다.

3

생물 다양성을 위협하는 것은 무엇일까?

멸종 위기에 처한 생물은 얼마나 될까?

대부분의 보고서들은 인간이 여섯 번째 대량 멸종을 야기하고 있다고 한다. 인류 출현 이전에 일어난 대량 멸종보다 100배 내지 1,000배나 빠른 속도로 생물 종이 멸종되고 있다는 것이다. 국제 자연 보호 연맹(IUCN)이 작성한 멸종 위기 생물 종 목록, 일명 '레드 리스트'의 멸종 위기 등급 중 취약종, 위기종, 위급종에 속하는 생물은 무려 1만 2,259종에 이른다.

16세기 초 이후로 지구상에서 적어도 762종의 동식물이 멸종했는데, 20세기 동안에만 219종이 사라졌다. 국제 자연 보호 연맹의 레드 리스트에 따르면, 포유류 4,400종의 약 25퍼센트, 조류의 11퍼센트가 멸종 위기에 처해 있다. 또한 포유류, 조류, 파충류, 양서류, 침엽수 등 다섯 가지 분류군을 대상으로 한 최근 조사는 한 지역에만 살고 있기 때문에 멸종 위기에 처해 있다고 볼 수 있는 동식물을 794종으로 집계했고, 그러한 위기종이 한 종 이상 서식하는 '멸종 위기 중심지' 595곳도 함께 발표했다.

멸종의 원인은 무엇일까?

인간이 수천 년 동안 자연계를 변화시켜 온 탓에 생물 다양성의 분포는 엉망이 되었다. 더욱이 산업혁명 이후 이러한 인간의 영향력이 한층 더 커졌다는 데 문제의 심각성이 있다. 실제로 생물 종이 멸종하거나 희귀해지는 원인을 살펴보면 무분별한 개발과 맞닿아 있다.

그중 자연 서식지의 파괴와 변화, 분할이 생물 다양성 감소의 가장 심각한 원인이다. 그런데 모든 생물군이 동일한 방식, 동일한 속도로 영향을 받는 것은 아니다. 국제 연합(UN)이 2005년에 발표한 '새천년 생태계 평가 보고서'에 따르면, 지구 생태계의 60퍼센트가 이미 파괴되었는데 가장 걱정스러운 것은 열대림이다. 매년 약 1,700만 헥타르의 열대림이 파괴되고 있기 때문이다.

가장 심각한 것으로 알려진 브라질의 아마존 지역은 산림의 13퍼센트가 이미 벌목으로 파괴된 상태다. 현재 상파울루 주의 산림 면적은 16세기 면적의 2퍼센트에 불과한 것만 보아도 그곳의 산림 파괴가 어느 정도인지 알 수 있다.

이처럼 서식지가 분할되면 개체군들이 고립되고 그러면 개체군들 사이의 생물학적, 유전학적 흐름이 제대로 이어질 수 없다. 가뭄과 태풍, 침식, 공해의 증가도 서식지 분할에 따른 결과이다. 또한 꽃가루 교환 등 생식을 하는 개체 수가 일정 규모 이하로 줄어들면 희귀 유전자의 손실과 근친교배로 인해 적응 능력이 떨어질 뿐만 아니라 지역적인 멸종이 일어날 수도 있다. 예를 들어 침엽수의 경우 그해 생식을 한 나무가 25그루에 미치지 못하면 적응 능력이 떨어진다. 결국 서식지 분할에서 파생하는 결과들까지 고려하면 그 영향은 단순히 서식지가 사라지는 것보다 훨씬 더 크다.

열대 지역과 마찬가지로, 지중해 지역 역시 현재 심각한 위기에 처해 있다. 보호 구역이 늘어나는 속도보다 자연 서식지가 사라지는 속도가 훨씬 빠르기 때문이다. 지중해 지역의 생태계 파괴는 마그레브와 근동 지역, 연안 지역 전역에서 더욱 심각하게 나타난다. 지중해 북쪽의 산림 면적은 20세기 중반 이후로 꾸준히 늘어나는 추세지만, 북아프리카에서는 매년 전체 면적의 1퍼센트 이상의 숲이 사라지고 있다.

국제 연합에서 내놓은 '지중해 지역 실천 계획'에 따르면, 지중해 연안 남쪽 및 동쪽 지역의 인구가 2025년까지 40퍼센트 증가할 것으로 예측된다. 이렇게 인구가 집중적으로 증가하면 특히 해안 지역에 영향을 미치게 될 것이다. 그런데 해안 지역은 이미 지중해 다른 지역에 비해 평균 인구 밀도가 두 배나 높은 상태다. 따라서 유전적 독자성이 큰 동식물 개체군과 많은 고유종이 서식하는 지중해 주변 지대 50여 곳은 인구 밀도가 가장 높은 지역(제곱킬로미터당 250명 이상)에 속하게 될 것이다.

땅의 사용 방식과 농사법의 변화 역시 생물 종의 풍부도를 급속히 바꾸어 놓고 있다. 흔히 볼 수 있는 종들도 여기서 예외가 아니다. '일반 조류에 대한 한시적 모니터링' 프로그램을 보면 프랑스에서 새의 수가 현저하게 감소했음을 알 수 있다. 지난 15년간 27퍼센트가 줄어든 것이다. 그 주된 원인으로 농업의 집약화와 살충제의 일반적인 사용, 농경지 통합 등을 꼽고 있다. 게다가 인간의 활동이 늘어남에 따라 대기 오염이나 수질 오염도 확산되는데, 그러한 과정은 대개 서서히 진행되기 때문에 그것이 지역 차원에서 생물 종의 존속에 미치는 영향은 아직 등한시되는 실정이다.

국제 교류가 증가하면 한 대륙에서 다른 대륙으로 생물 종이 옮겨 가기가 쉬우므로 생물학적 침해가 많이 일어나고 새로운 질병이 나타나게 된다. 최근에 국제 보존 협회는 세계 양서류 5,700종 가운데 거의 절반이 감소 추세에 있다고 발표했다. 168종만 이미 멸종했을 뿐 최근 20년 사이에 멸종한 것이 대부분이다.

서식지를 잃는 피해 외에도, 서식지 밖에서 날아온 키트리드 곰팡이 균으로 인한 피부병이 양서류의 멸종 위기를 불러왔다. 현재 외래종의 침입이 생물 다양성 감소의 부차적인 원인이라고 여겨지지만, 꼭 그런 것만은 아니다. 다른 곳에서 들어온 생물 종이 반드시 원 생태계나 군집의 구조적, 기능적 특징을 변화시키면서 침해 현상을 일으키는 것은 아니기 때문이다. 하지만 해양 섬을 비롯한 몇몇 지역, 그리고 습지대, 강변 숲 같은 생태계는 매우 취약해서, 그러한 '생물의 세계화'에 바로 영향을 받는다.

기후 변화의 생태학적 영향 역시 점점 많이 드러나고 있다. 그러나 그 영향을 예측하기는 쉽지 않다. 기후 변화로 인해 때 이른 개화나 산란이 일어나거나 생육 주기가 길어지는 등 생체 주기가 바뀔 수 있고, 식물의 기공 밀도가 감소하거나 잎 크기가 줄어드는 등 생물의 생리가 변할 수도 있으며, 생물 종의 지리적 분포가 변할 수도 있다.

생태계가 영향을 받으면 생물 종의 조합 및 생물 상호 작용에 변화가 생기고, 이는 생물 지구 화학적 순환의 훼손으로 이어진다. 그렇게 해서 그 모든 변화는 폭풍우, 화재 같은 자연적 교란을 더 심각하고 빈번하게 일으키고 생물 종이나 개체군의 멸종을 야기할 수 있다. 예를 들어 고온을 동반한 극심한 가뭄이 잦아지면 산불이 더 자주, 더 큰 규모로 발생하게 된다. 또한 그러한 자연적 교란이 되풀이되면, 이미 위기에 놓인 생물의 멸종이 더욱 가속화될 것이다.

4

생물 다양성을 어떻게 보전해야 할까?

가장 효과적인 보호 방법은 무엇일까?

일반적으로 보호 조치의 대상이 되는 것은 생물 종이며, 희귀성이 그 기준이 된다. 하지만 어떤 생물 종이 자신의 자연 환경 속에서 보전되기 위해서는 그 종 하나에만 보호 가치를 부여하는 것으로는 충분하지 않다. 즉 그 종이 속해 있는 생태계 전체를 보호해야 한다. 생물 종이 '먹고 자는' 것을 보장해 주는 것이 바로 생태계이기 때문이다.

최근 유럽 연합은 '동식물 서식지 지침'에서 그 중요성을 강조한 바 있다. 그 지침은 멸종 위기종이 사는 중요한 서식지 주변의 상당 부분을 지속적인 보존 관리의 대상으로 해야 한다고 지적했다.

생물 종을 보호한다는 것은 결국 유전형질을 보호한다는 것과 같은 말이다. 종의 서식지를 보전하면 현 분포권 내에서 그 종의 생존은 일단 보장이 된다.

그러나 인간에 의해서든, 다른 원인에 의해서든 환경 조건은 변하게 마련이므로 자연 개체군이 자신과 후손의 유전적 다양성을 보전하면서 그러한 변화에 적응할 수 있도록 해야 한다. 즉 생태계와 종, 유전자의 삼박자를 골고루 염두에 두어야만 생물 다양성을 효과적으로 보호하고 활용할 수 있을 것이다.

그러기 위해서는 그 삼박자의 요소들에 대한 이론적, 경험적 지식을 생산하는 학문적 연구가 반드시 필요하다. 왜냐하면 그러한 연구가 효과적인 보전 전략을 세울 수 있도록 해 주기 때문이다. 다시 말해 학문적 연구가 기초가 되어야 생물 다양성 보호를 위한 여러 방법들을 사용할 수 있다.

현지 내 보전이란 무엇인가?

생물 종과 개체군을 원래 그것이 속한 자연 환경에서 보전하고, 그렇게 해서 자연선택의 영향 속에서 계속 환경 변화에 적응할 수 있게 해 주는 것, 이것이 생물 다양성 보호에 가장 좋은 방법이다. 이 방법은 그 자연 환경의 존속을 위협하는 것이 무엇인지 파악하고 그 위협을 이미 억제한 경우에만 사용할 수 있다. 현지 내 보전은 희귀종뿐만 아니라 흔한 종들도 그 대상으로 해야 한다. 왜냐하면 흔한 종들은 핵심종으로서 생태계의 기본이 되고 인간에게 직접적인 생태적, 경제적 중요성을 가지는 경우가 많기 때문이다.

유럽의 산림이 특별한 주의 대상이라는 것은 그리 놀랄 일이 아니다. 유럽의 특별한 서식지 가운데 일부는 국립공원이나 자연 보호 지역으로서, 보호 체계에 따라 관리되는 구역 안에서 보호받고 있다. 인간 활동에 의해 여러 가지로 위협을 받고 있는 주요 산림종의 지역 역시 '유럽 산림 유전 자원 보전 프로그램(EUFORGEN)' 등을 통해 보호받고 있다. 이러한 프로그램을 시행할 때에는 보전해야 할 개체군('보전 단위')의 선정이 중요한데, 진화의 역사가 자연 서식지에 잘 드러나고 생태적, 유전적 다양성이 두드러지며 환경 적응력이 뛰어난 개체군으로 선택해야 한다.

생물 다양성의 현지 내 보전이 올바로 이루어지려면, 현재 환경에서 종이 존속하는 동시에 진화 능력도 잃지 않게 하는 진정한 관리 계획이 확립되어야 한다. 이런 의미에서 이 분야가 나아가야 할 길은 아직도 멀기만 하다. 여기서 이야기한 것들은 대부분 이론에 그치고 있는 상황이다. 보존 관리가 일부 보호 지역에만 제한되는 것이 아니라 대부분의 자연 서식지에까지 확대되어 실천될 수 있어야 할 것이다.

현지 외 보전이란 무엇인가?

어떤 생물 종이 매우 적은 개체 수로 이루어진 개체군 몇 개에만 남아 있을 경우, 멸종이 임박한 것이어서 현지 내 보전만으로는 멸종을 막기 어렵다. 따라서 생물 종의 출현 지대 외부에서 보호 전략을 실행해야 한다. 자연적인 위협이든 인간의 위협이든 종의 생존을 방해하는 모든 위험으로부터 멀리 떨어지게 할 필요가 있다. 이것을 '현지 외 보전' 이라고 한다.

예를 들어 동물원에서 야생 동물을 보호하는 경우이다. 일부 동물원은 야생 동물을 사로잡은 뒤 번식을 하게 한 다음 다시 야생으로 돌려보내기도 한다. 수목원도 이와 같은 기능을 한다고 하겠다. 야생 동식물과 마찬가지로, 흔히 볼 수 있는 가축과 농작물의 경우 정자 은행, 씨앗 은행, 양식, 식목 등을 모두 현지 외 보전 방법이라고 할 수 있다. 그러나 그런 방법은 종의 서식지 내 적응 과정을 가로막는 부작용의 측면도 없지 않아 있다.

또 한편 현지 외 보전은 생물 종을 새로운 환경에 적응시키고 보호하는 역할을 넘어서서 훌륭한 교육 도구의 역할도 한다.

이러한 현지 외 보전은 상징성이 있거나 자산적 가치가 있는 종이 아니면 그 대상이 되지 못한다는 데 한계가 있다. 이를 테면 무척추동물이나 비관속식물● 에 대해서는 현지 외 보전이 거의 적용되지 않는다. 하물며 아직 알려지지 않은 수백만의 생물 종은 말할 필요가 없다. 생태계와 인간을 위해 중요한 역할을 하게 될지도 모를 생물들이 곧 멸종에 이르지 않으리라는 보장이 전혀 없는 것이다.

생물 다양성은 올바르게 보호되고 있을까?

현재 여러 가지의 멸종 위기종 목록이 작성되어 발표되고, 전 세계에서 방대한 지역이 보호 구역으로 점차 설정되고 있

●●●

비관속식물 식물은 관다발의 유무에 따라 관속식물과 비관속식물로 구분되는데, 양치식물과 종자식물은 관속식물에 속하고, 이끼나 조류는 비관속식물에 속한다.

다. 세계적으로 보호 구역은 약 10만 2,000여 곳에 달한다. 그런 점에서 생물 다양성 보전에 상당한 진전이 이루어졌다고 할 수 있다. 그러나 현장에서도 보전 활동이 실질적이고 만족스럽게 이루어지고 있을까? 보호 구역의 정의 및 위치 선정은 물론, 생물 다양성 관리 방법의 선택과 관련해서 아직 여러 가지 중요한 문제들이 남아 있다.

그중 하나가 보호 구역의 면적이 너무 작거나 파괴된 서식지에 둘러싸인 좁은 지역만 보호 구역으로 정해지는 경우를 들 수 있다. 왜냐하면 그러한 고립 상태는 생태계의 원활한 기능에 필요한 생태 흐름을 해치기 때문이다.

예를 들어 파나마 운하• 건설로 인해 바로콜로라도 지역이 섬이 되어 버리자 수십 년 사이에 64종의 새가 멸종했다. 서식지 면적 감소와 포식 압력의 증가 때문이었다. 또한 중앙아메리카 습윤림의 생물 다양성의 실질적인 동력은 자연적 교란이라 할 수 있는데, 자연적 교란이 끊이지 않도록 하기에는 그 국립공원은 너무 작은 것이다.

생물학 자료와 사회 경제적 측면을 모두 고려하여 보호 구

• • •

파나마 운하 중앙아메리카 남동쪽에서 태평양과 대서양을 잇는 운하.

역의 범위와 위치가 정해지는 경우는 극히 드물다. 대개 경제적, 정치적 압력을 덜 받는 곳이 국립공원, 자연 보호 지역 등 보호 수준이 높은 구역으로 정해진다. 따라서 큰 산을 중심으로 한 지역이 보호 구역으로 많이 정해지는 반면, 위험에 훨씬 더 많이 노출되고 위험 정도도 큰 연안 지역은 거의 보호받지 못하는 실정이다. 게다가 개발 도상 국가의 경우, 예산과 인력이 턱없이 부족해 실질적인 보호는 하지 않은 채 단지 행정적으로만 보호 구역을 지정하는 경우도 많다. 지역 주민들의 적극적인 관리가 부족하다는 것도 보편적인 문제점 중 하나로, 국제 기구가 벌이는 보전 활동을 지속하기 어렵게 만들고 있다.

하지만 흥미로운 시도들도 나타나고 있다. 일례로 1970년 유네스코가 시작한 '생물권 보전 지역' 네트워크를 들 수 있다. 그것은 '인간과 생물권 계획(MAB)' 프로그램의 일환으로, 현재 102개 나라 482개 지역을 포괄한다.

생물권 보전 지역은 보호의 중심이 되는 핵심 지역과 그 주변을 둘러싼 완충 지역, 그리고 지속 가능한 개발의 관점에서 지역 주민들이 관리하는 전이 지역으로 구분된다.

생물권 보전 지역은 세 가지 목적을 가진다. 첫째는 보전, 둘째는 지속 가능한 발전, 셋째는 환경 교육, 연구 등의 지원이다. 프랑스의 자연공원들은 그와 유사한 내용의 강령 같은 것을 가지고 있는데, 거기에는 문화적, 생물학적 자산을 보전하는 것을 목적으로 한다고 되어 있다. 현재 프랑스에는 자연공원이 44개 있고, 그 면적이 국토의 약 14퍼센트를 차지한다.

그런데 그러한 시도들의 성과는 아직 고르게 나타나지 못하고 있다. 그런 사업을 위한 예산은 삭감되기 일쑤고 정책 입안자들의 의지도 항상 분명한 것이 아니어서 지속 가능한 개발 정책을 세우기가 쉽지 않기 때문이다.

그래서 보호 구역이 이론상으로는 지구의 12퍼센트를 차지하지만, 현재 일어나는 생물 다양성 소멸의 심각한 위기를 막기에는 충분하지 않다. 멸종 위기에 처한 전 세계 육상 척추동물의 20퍼센트 이상은 서식지 보호를 전혀 받지 못하고 있다.

게다가 한 나라의 자연보호 상태를 보여 주는 진열장이라 할 수 있는 국립공원은 사람들이 많은 관심을 가지는데, 그것 때문에 오히려 그 지역 생태계의 균형이 깨어지기도 한다.

예를 들어 세계적으로 유명한 갈라파고스 제도의 자연보호 지역은 생태 관광과 낚시를 하려는 관광객들이 늘어나고 주민 수도 크게 증가하여 몸살을 앓고 있다. 1970년에 4,500명이었던 관광객이 1997년에는 6만 3,000명으로 늘어났고, 그 기간 동안 주민 수가 무려 네 배나 증가한 것이다. 프랑스의 포르크로 섬 국립공원 역시 수백 헥타르밖에 되지 않는 땅에 매년

20만 명 이상의 관광객들이 다녀갈 정도로 사람들로 넘쳐나고 있다.

흔한 종들은 사라지도록 내버려둔 채 상징성이 있거나 특별한 종, 예를 들어 판다와 고릴라, 코끼리, 난초 등에만 초점을 맞추거나 희귀종이나 멸종 위기종에만 관심을 기울이는 보전 정책 역시 생물 다양성의 위험 요소가 될 수 있다. 흔한 종의 개체 수에 변화가 올 경우 생물 다양성 전체에 커다란 영향을 미칠 수 있고, 또 그런 흔한 생물 종들이야말로 수많은 생태계의 핵심종이기 때문이다.

생물 종 보전에 관한 생물학 이론을 우리가 잘 알지 못하는 특수한 척추동물이나 무척추동물 개체군의 보존 관리에 적용하는 것도 위험하다. 왜냐하면 개체군의 최소 크기, 고립 개체군의 존속 능력 등에 관한 이론은 일반 척추동물 연구에 기초한 것이기 때문이다.

이외에도 문제는 많다. 우선 보전 활동은 즉각 눈에 띄는 결과로 이어지지 않으므로 대다수가 결과에 비해 보전 활동 비용이 너무 많이 든다고 보는 것이다. 이것은 생태학자와 사회 구성원들 사이의 의사소통이 부족한 탓인 듯하다.

생물 다양성 보전의 쟁점들을 너무 지엽적인 차원에서 접근하는 것도 문제다.

판다나 고릴라 같은 특별한 동물만 보호 대상으로 삼는 것은
생물 다양성 보전에 효과적이지 않다. 흔히 볼 수 있는 생물들이
생태계의 안정성 유지에 핵심적인 역할을 하는 경우가 많기 때문이다.

그리고 또 다른 문제는 학자들의 연구 활동이 장기적으로 이루어지지 않는다는 것이다. 연구 계약 기간 동안에만 연구를 하기 때문에 보호 구역 조사를 포함해서 생물 다양성에 대한 조사가 장기적으로 이루어지는 경우는 매우 드물다. 그것은 아마 자연보호에 대한 야심차면서도 포괄적인 정책이 없기 때문일 것이다.

그렇다면 생물 종의 예고된 멸종과 현재 일어나는 강력하고도 급속한 변화 앞에서 어떻게 해야 생태계의 지속성과 생물 다양성을 보장할 수 있을까?

우선 현지 내 보전의 정의 자체를 재검토하는 일이 반드시 필요하다. 생태계와 생물 종, 그리고 개체군이 변화에 적응할 수 있으려면, 특히 기후 변화에 적응할 수 있으려면 그러한 보전 역시 변화의 성질을 띠는 것이어야 한다. 따라서 생물 종과 개체군의 현재 분포를 설명할 때 역사적, 생태학적 차원을 고려하는 생물 지리학 같은 학문의 도움을 받음으로써, 진정한 **생물 지리학적 보전**이 이루어지도록 해야 한다.

그러나 현재의 보전 체계 대부분은 그와 반대로, 남아 있는 것에 헛된 희망을 건 채 자연을 보호 덮개 안에 넣어 두기만 하는, 너무 엄격하고 경직된 방법에 묶여 있다.

다시 강조해서 말하건대, 유전자에서부터 생태적 환경에 이르기까지 인간과 생물 사이의 복잡한 관계를 반드시 포함하는 총체적이고 통합적인 생물 다양성 관리만이 세계 생물자원의 감소를 막을 수 있다. 자연보호와 인간을 분리해서 생각하는 것은 효과가 없을 뿐만 아니라 가능하지도 않다.

최근 200년 동안 인간의 활동은 큰 지질학적 사건과 비슷한 영향을 미쳤다. 인간이 생태계에 영향을 미치지 않는 곳이 없는 현 시대를 **인류세**라고 불러야 한다는 이야기가 나올 정도다.

이제 생물 보호의 생태학적 필요성 앞에서 경제적, 사회적, 정치적 이익을 내세우는 일은 그만두어야 한다. 진화와는 거리가 먼 '고전적인' 보전 활동에서 벗어나 건설적인 발걸음을 내딛고자 한다면, 인간과 생물권의 진정한 공존을 목표로 해야 한다. 따라서 공간적, 시간적, 그리고 사회적인 접근을 실질적으로 결합하는 것이 필요하다. 그러면 관리 전략 수립에 중요한 다음 질문들에 효과적으로 답할 수 있을 것이다.

왜 다른 곳이 아닌 그 지역, 그 생태계, 그 개체군을 보전하는가? 생물 종과 그 서식지의 지속적인 보전 전망에 과거의 지식을 어떻게 통합할 것인가? 갖가지 사회적 고민거리를 지속적인 관리 속에 어떻게 끼워 넣을 것인가?

요컨대 환경 및 생물 종 보호 정책을 깊이 재고하고, 인간은 물론 인간과 생물계 전체와의 상호 작용을 전적으로 통합하는 보전 생태학을 구축하는 것이 중요하다.

최근에 마이클 로젠츠바이크[●]가 제안했듯이, 인간과 자연 사이의 진정한 '화해의 생태학'이 필요한 것이다.

● ● ●

마이클 로젠츠바이크 미국 생태학자. 『윈윈 생태학』이라는 책에서 야생 동식물과 사람의 욕구를 동시에 충족시키는 개발 방식을 찾아야 한다고 강조했다. 그 외에 『시간과 공간 속의 종 다양성』 등 종 다양성 보전에 대한 책을 많이 썼다.

더 읽어 볼 책들

- 앤드류 비티, 이주영 옮김, 『자연은 알고 있다: 생물 다양성과 자연의 재발견』(궁리, 2005).
- 에드워드 윌슨, 황현숙 옮김, 『생명의 다양성』(까치, 1995).
- 이본 배스킨, 이한음 옮김, 『아름다운 생명의 그물: 생물 다양성은 어떻게 우리를 지탱하는가』(돌베개, 2003).

논술 · 구술 기출 문제

논술·구술 시험은 논리적이고 종합적인 사고를 요구한다. 다음에 제시된 문제는 이 책의 주제와 연관이 있는 논술·구술 기출 문제이다. 이 책을 통하여 습득한 과학적 지식과 원리, 입체적이고 논리적인 접근 방식을 활용하여 스스로 문제에 답해 보자.

▸ "서로 보완적이기 때문에 이 연못은 생명력을 비교적 잘 유지하고 있다."고 했는데 어떤 보완적인 관계가 있는지 설명해 보시오.

▸ 최근 멸종된 한국 늑대에 대한 연구 과정이 TV에 방영되면서 화제가 된 적이 있다. 지구상에서 멸종된 생물은 한국 늑대뿐만 아니라 이제 그 종을 다 헤아리기조차 힘들 정도다. 멸종 위기에 처한 생물들을 보호해야 하는 이유를 말해 보시오.

▸ 생물의 다양성이 지켜져야 하는 이유는 무엇인지 말해 보시오.

옮긴이 | 김성희

부산대 불어교육과 및 동대학원을 졸업했으며 현재 전문 번역가로 활동 중이다.

민음 바칼로레아 52

생물 다양성을 보전할 수 있을까?

2판 1쇄 펴냄 2021년 3월 30일
2판 4쇄 펴냄 2024년 8월 8일

1판 1쇄 펴냄 2007년 4월 12일

지은이 | 브뤼노 파디, 프레데릭 메다이
감수자 | 민미숙
옮긴이 | 김성희
발행인 | 박근섭
펴낸곳 | ㈜민음인

출판등록 | 2009. 10. 8 (제2009-000273호)
주소 | 06027 서울 강남구 도산대로 1길 62 강남출판문화센터 5층
전화 | **영업부** 515-2000 **편집부** 3446-8774 **팩시밀리** 515-2007
홈페이지 | minumin.minumsa.com

도서 파본 등의 이유로 반송이 필요할 경우에는 구매처에서 교환하시고
출판사 교환이 필요할 경우에는 아래 주소로 반송 사유를 적어 도서와 함께 보내주세요.
06027 서울 강남구 도산대로 1길 62 강남출판문화센터 6층 민음인 마케팅부

ISBN 979 11-5888-814-5 04000
ISBN 979 11-5888-823-7 04000(set)

㈜민음인은 민음사 출판 그룹의 자회사입니다.